AF595281

LES CAPITALES
DE L'EUROPE.

Promenades Pittoresques.

PAR

M. Charles Malo.

MARCILLY FILS AINÉ,
RUE S.-JACQUES, N° 21.

Vue du Capitole

Quelle ville au monde pourrait être comparée à Rome pour le nombre et la magnificence de ses édifices et de ses monuments, en tous genres ? Serait-il possible d'énumérer la fastueuse profusion d'obélisques, de colonnes, de temples, de basiliques, d'arcs de triomphe, de théâtres, de cirques, de thermes, de tombeaux, d'aqueducs, qui s'y offrent de tous les côtés aux regards ? Mais aucune autre ville non plus ne présente un contraste aussi frappant de magnificence et de pauvreté; et pourtant, dans cet état de décadence, Rome commande encore l'admiration.

L'ancienne Rome s'élevait sur sept Collines. Ces hauteurs, couronnées de palais, de temples, de thermes, avaient pour perspective les jolies montagnes de Tusculum et de Tibur; plus loin les forêts de la Sabine et la mer, au bout d'une riche et vaste plaine. Le voyageur cherche avec curiosité et retrouve avec plaisir la plupart de ces lieux plus ou moins célèbres. De tristes ruines aident à les reconnaître ; d'autres conservent leurs anciens noms. Le temps ne leur a laissé que cela : Rome entière est ensevelie sous les débris de sa grandeur.

Rome moderne occupe tout juste le Champ-de-Mars de l'ancienne; elle est arrivée à n'être plus dans Rome. L'étranger qui veut se promener dans l'ancienne maîtresse du monde, doit parcourir d'assez grandes distances pour trouver quelques vestiges d'antiquités vénérables, que le temps est sans cesse occupé à détruire. Ces ruines semblent oubliées dans ces lieux isolés et sauvages entre l'herbe et les ronces qui se les disputent.

Rome est environnée d'une forte muraille dont on évalue la circonférence à cinq lieues environ. On y compte vingt portes dont deux sont murées et deux se trouvent aujourd'hui dans l'enceinte de la ville. Elle est embellie d'un grand nombre de places publiques, ornées presque toutes de fontaines et d'obélisques. Parmi ces places, on remarque notamment celle du Capitole, celle de Navonne où se tiennent les marchés, le Monte-Cavallo, la place Colonne. Elle possède aussi des rues belles et régulières, entr'autres le Corso, Ripetta, del Balbuino, Felice, San Maggiore, Pia, etc. Le surplus des rues est, au reste, sans alignement et mal-propre; les places elles-mêmes, pour la plupart, sans régularité, sans pavé; le Tibre, sans navigation; le peuple, sans industrie et sans pain. Le fleuve embrasse toute la ville; il n'a cependant pas, dans tout son cours, dix toises de quai; les maisons paraissent comme suspendues sur ses bords élevés, et lui donnent un air de précipice qui fait peur.

Le faubourg du Janicule est sans place, sans égoûts, sans air. Toute l'industrie manufacturière est pourtant là : le gouvernement n'a jamais songé à donner une forme à ce tas de baraques. La belle rue de la Longara aurait pu, sans beaucoup de dépenses, devenir un quai superbe; et, pour peu qu'un autre quai eût été ouvert de la place du Peuple au temple de Vesta, Rome n'aurait rien à envier, sous ce rapport, aux plus belles villes de l'Europe. Cet embellissement eût rendu aux quartiers du Quirinal et de l'Esquilin, aujourd'hui déserts, une population qu'appellent des habitations spacieuses, dans des sites rians: elle y eût trouvé la santé, tandis qu'elle périt dans les brouillards infects du Tibre. Que fait, après tout, à la masse du peuple nécessiteux, ce luxe d'obélisques relevés à grands frais pour la vanité des maîtres? Qu'importent ces monuments qui ne flattent que l'œil, si l'on n'a rien fait pour le bien-être des sujets? Entre ces superbes marbres qui insultent à la misère publique, existe-t-il un seul marché couvert et commode? Les fleurs, les fruits, les viandes, toutes les provisions sont étalées pêle-mêle en été, dans la poussière; pendant l'hiver, à la pluie et dans la boue. La poissonnerie est un lieu infect. Nulle police pour l'alignement, le nettoiement des rues; dix places sont à peine tracées, et pourtant il s'y trouve des façades, des dômes et des colonnes; ce sont des boutades de luxe sur un fonds d'éternelle pauvreté, la plus riche broderie ajustée à des haillons.

Un des premiers besoins du voyageur, en arrivant à Rome, n'est pas de se coucher pour se délasser, mais de se faire conduire au Capitole, au Panthéon, au Colysée.

Le mont Capitolin, la plus petite des sept Collines, en était la plus importante par sa position. Dominant à-la-fois le Forum, le fleuve et le Champ-de Mars, elle protégeait la ville. Aussi le Capitole est-il le plus beau nom qui reste à Rome, après celui de Rome même. Michel-Ange a bâti le palais moderne dans un moment de distraction. Ce n'est pas le génie qui a remplacé, par une maison bourgeoise, l'imposante construction ancienne dont l'*immobile saxum*, qui la soutenait et qu'on retrouve encore, donne une si haute idée. Ce grand homme a oublié qu'il travaillait au Capitole. Son palais tourne le dos au Forum, au lieu de le dominer avec majesté, comme autrefois. Le temple de Jupiter Capitolin, dépôt sacré des dépouilles du Monde, qui servait de monument à la religion et à la valeur des Romains, ce temple a fait place à l'église des Cordeliers. Au lieu du maître des Dieux, on y adore une poupée, sous le nom de *Bambino* La Roche-Tarpéienne paraît à peine. A son sommet est une étable; à ses pieds, un cabaret.

Quant au Panthéon, c'est le plus beau monument qui reste des arts de Rome antique. Le temps semble l'avoir respecté pour l'offrir à l'admiration de tous les siècles. Figurez-vous une immense coupole, parfaitement ronde, qui s'appuie à terre, et qui n'est éclairée que par une ouverture circulaire, pratiquée au sommet de la voûte; l'édifice est haut de 132 pieds; son diamètre a la même étendue.

Malgré sa nudité, ce temple est toujours un modèle d'élégance et de grâce. Le portique répond à toutes ces beautés; il est le morceau le plus parfait qui reste de l'architecture des Romains. C'est grand dommage que ce monument ne soit point dans un isolement qui permette de le considérer sous toutes ses faces Une enceinte de maisons s'appuie sur l'édifice, comme pour le cacher. Une place étroite et boueuse en déshonore l'entrée, dominée d'ailleurs sur tous les points. Au pied des colonnes est la bouche infecte d'un large égoût; elles servent presque d'appui à des étaux de bouchers : c'est un des quartiers les plus sales, c'est la place la plus ignoble de Rome, qui forment l'avenue d'un des plus beaux monuments qui existent.

Si le Panthéon est le plus bel édifice qui reste de Rome, le Colysée en est incontestablement la plus belle ruine; elle a quelque chose de colossal. La moitié du mur extérieur existe encore dans un état de conservation qui permet de juger de l'étendue de l'enceinte et de la solidité du travail. Rien de plus imposant que cette prodigieuse masse de pierres énormes qu'une grande perfection de machines a seule pu élever à cette hauteur, et que l'art a assises sans ciment, et de manière que ces blocs, de plusieurs pieds d'équarrissage, semblent ne faire qu'une seule et même pierre dans cette vaste façade. Quelle magnificence il y a dans ces ruines! Escaladez et mesurez ces galeries, vous conviendrez que cent mille hommes pouvaient circuler sans embarras sous ce triple pérystile.

Bâti à la racine de trois collines, au centre de Rome, ce grand édifice se trouvait sur le passage des triomphateurs, ayant pour perspective la maison Dorée de Néron, du côté du Palatin; la Curie *Hostilia*, du côté du *Cœlius;* les Thermes et le palais de Titus sur l'Esquilin, et enfin les portiques des temples de la Paix et de Rome, du côté de la Voie Sacrée. Quelle place que celle qui avait une pareille enceinte! et quelle solitude aujourd'hui! Les portiques des temples sont ensevelis sous une montagne de décombres que des moines ont arrangés en terrasse pour leur récréation. De la maison Dorée, il ne reste que de misérables pans de murs avec quelques lambeaux d'aqueducs. L'espace qui séparait le palais de Titus de l'amphithéâtre est un guet-à-pens où l'on court risque d'être assassiné en plein jour; tout a disparu. Le Colysée seul reste comme un géant qui, depuis 17 siècles, lutte avec effort contre le temps qui le détruit pièce à pièce.

Après le Colysée, on distingue la colonne

Trajanne, sur le modèle de laquelle fut élevée celle de la place Vendôme, à Paris; celle d'Antonin, qui a 140 pieds de haut; l'Amphithéâtre, construit sous Vespasien; le mausolée d'Adrien, aujourd'hui château Saint-Ange; le pont Éliono; les arcs de triomphe de Sévère, de Titus, de Constantin, de Janus, de Néron, de Drusus; la statue équestre de Marc-Aurèle, en bronze; les ruines des temples de Jupiter Stator, de Jupiter Tonnant, de la Concorde, de la Paix, d'Antonin et Faustine, du Soleil et de la Lune; ceux de Romulus, de Rémus et Romulus; le temple de Pallas; les ruines des thermes de Dioclétien, du théâtre de Pompée, de l'ancien Forum aujourd'hui Campo-Vaccino, du pont d'Horatius Coclès, des aqueducs de l'eau Claudienne, des thermes de Caracalla, de ceux de Titus, enfin de la maison de Cicéron, etc., etc.

Après avoir jeté un coup-d'œil rapide sur Rome antique et ses plus beaux restes, je suis forcé de l'avouer, plusieurs voyageurs pensent que Rome moderne la surpasse de beaucoup sous le rapport de la splendeur et de la beauté de ses églises et de ses palais. En effet, Rome antique n'a jamais rien possédé de comparable à l'église Saint-Pierre. Je ne sais si les hommes d'aucun siècle ont réussi à élever un monument qui ait réuni, comme Saint-Pierre, la richesse et l'élégance aux proportions colossales. Il faut avoir vu ce prodige pour se faire une idée de ce qu'il y a de plus beau et de plus vaste dans l'art de bâtir, de plus somptueux et de plus magnifique dans la décoration.

On entre dans cette église par cinq portes, dont la principale est en bronze. Le portique a 371 pieds de long, sur 39 de large et 62 de haut. Aux deux extrémités se trouvent les statues équestres de Constantin et de Charlemagne. La grande nef comporte 571 pieds de long, 85 de large et 152 de haut. Au point d'intersection est le grand autel, sur le tombeau de Saint-Pierre, entre quatre énormes massifs, qui forment piliers et supportent l'entablement, où commence la grande coupole. Cette coupole n'a pas moins de 132 pieds de diamètre. C'est le Panthéon en l'air, avec cette différence que l'élévation totale du temple ancien n'est que de 32 pieds, et que celle du temple moderne est de 424. Cette merveille est l'ouvrage de Michel-Ange; l'architecture n'a jamais rien tenté de si hardi. L'admirable coupole reçoit le jour par 16 fenêtres, accompagnées de pilastres corinthiens accouplés. Les autres ornements de cette surprenante voûte sont en mosaïque, en fresque et en stuc doré.

Si, de ces proportions colossales, nous passons à la magnificence de la décoration, nous trouverons des pavés élégants du plus beau marbre, des colonnes superbes et nombreuses, des pilastres cannelés de 77 pieds de haut, des bas-reliefs, des médaillons. La grande voûte, brillant d'or et d'azur, est d'un travail parfait. L'autel principal, sous un baldaquin de bronze et haut de 86 pieds, n'est composé que de colonnes, de bronze et d'or. Plus loin est la chaire de Saint-Pierre, soutenue par quatre figures gigantesques et toujours de bronze et d'or. Cette chaire, sans compter le bronze qu'on a pris au Panthéon, a coûté plus de six cent mille francs.

Que si, rempli d'admiration, je m'arrête à contempler les détails intérieurs de cette incomparable basilique, j'y compterai neuf chapelles également riches en beau marbre, en objets d'art; quatre-vingt-seize colonnes de marbre rare; vingt-neuf grands tableaux en mosaïques, copiés des plus grands maîtres, dont le moindre a coûté plus de cent mille francs; cent quatre-vingt-cinq statues, quelques-unes desquelles ont 25 pieds de haut, et ne paraissent cependant que de proportion naturelle; il y en a 86 en marbre, 48 en stuc et 21 en bronze.

La partie supérieure de Saint-Pierre représente une vaste plate-forme, où figurent, d'une manière très-pittoresque, plusieurs petits dômes ou campanilles, qui semblent n'être là que pour faire ressortir avec plus d'éclat la grande coupole. Une boule de bronze doré, de près de 9 pieds de diamètre, et surmontée d'une croix de fer haute de 13, couronne cette prodigieuse coupole, et la montre de fort loin au voyageur impatient. Il ne manque à ce temple qu'une façade digne de lui. C'est du balcon de cette façade qu'on annonce au peuple l'élection des papes, et que les papes, en personne, foudroyaient les rois et les peuples.

L'église de Saint-Pierre est l'ouvrage noninterrompu de douze pontifes et de près de trois siècles; il est la gloire des arts. En 1694, cet édifice coûtait déjà deux cent cinquante millions de francs; en 1800, on avait dépensé pour lui soixante quinze millions de plus.

Après Saint-Pierre, les deux plus belles églises de Rome sont les basiliques de Sainte-Marie-Majeure et de Saint-Jean-de-Latran. Dans la première, on admire quarante colonnes ioniques, un pavé précieux, un autel sous un ample baldaquin de porphyre et de bronze, les somptueuses chapelles Pauline et Sixtine. Son plafond, aussi élégant que riche, est fait du premier or venu du Pérou. Saint-Jean-de-Latran se recommande à son tour par sa belle façade, ses colonnes de jaune et de vert antique, son grand autel de bronze doré, sa porte du temple de Saturne avec les plus grâcieuses images de la mythologie en bas-reliefs; enfin, par sa statue de Henri IV en bronze, de Constantin en marbre; en un mot, par sa chapelle Corsini, la plus belle de l'Europe.

A un mille environ de Rome, sur la route d'Ostie, les curieux allaient visiter la basilique Saint-Paul, fière de ses cent vingt colonnes de porphyre et de marbre de Paros, et riche d'ailleurs en mosaïques, en marbres précieux, en inscriptions, en portraits de tous les papes. Il y a quelques années, cette église fut en partie consumée par un incendie; mais on a travaillé depuis avec ardeur à la rétablir.

Je passerai sous silence les Chartreux, Saint-Étienne, Saint-Martin, Sainte-Marie-de-Lorette, Saint-André et bien d'autres temples encore; je ne pourrais, à leur égard, qu'épuiser plus ou moins les mêmes formules d'éloges. En effet, toutes les églises de Rome sont, sans exception, de vrais monuments des arts, riches en colonnes antiques, en marbres précieux, en pavés charmants, en peintures admirables. L'architecture en est tour-à-tour élégante et noble, et leurs murs sont toujours revêtus ou de fresques, ou enrichis des tableaux des maîtres célèbres qui, depuis 250 ans, ont brillé tant à Rome qu'en Europe.

Ce que le voyageur a de mieux à faire à Rome, c'est de détourner les yeux de certains spectacles qui l'affligent, pour les reporter vers des tableaux d'une pompe et d'un grandiose à nul autre pareils. Visitons donc les pa lais de Rome moderne. Parmi ceux que renferme cette capitale, les uns publics, les autres particuliers, citons d'abord le Vatican, édifice immense, paré d'une multitude de peintures et destiné à conserver à-la-fois les monuments les plus précieux de l'antiquité et les ouvrages des hommes les plus célèbres des temps modernes. Le Vatican, abrité du vent Nord-Ouest, est le palais d'hiver du Saint-Père, qui passe l'été au Quirinal ou Monte-Cavallo, et l'automne au Castel Gandolfo.

Irons-nous au Quirinal pour y chercher les ruines des Thermes de Dioclétien? Lorsqu'on a vu les Romains conquérants ne vouloir pour bains que leur Tibre boueux et rapide, peut-être n'est-il pas sans intérêt de retrouver plus tard ces mêmes Romains perdant par lambeaux la conquête du monde dans les étuves parfumées de leurs Thermes. Le palais du Quirinal est remarquable par son site qui domine la ville, par une jolie cour en portique et par des jardins qui joignent à la vue la plus pittoresque des promenades délicieuses entre des allées toujours vertes et plus de trente fontaines charmantes pour la plupart.

A Rome, il est convenu d'honorer du nom de palais l'habitation des familles illustres ou riches. Aussi n'en compte-t-on pas douze qui méritent d'être distingués, à proprement parler, comme édifices. Ils offrent à la vue d'imposantes masses et de ces façades gigantesques, auxquelles la distribution intérieure est toujours sacrifiée. Ces façades sont le plus souvent gâtées par la forme colossale des croisées, par une surcharge de moulures saillantes. Personne n'a voulu ou su imiter l'élégante simplicité des croisées de la chancellerie ou du palais Farnèse. Il y a néanmoins, dans l'ensemble de ces constructions, un air de grandeur qui leur est propre. Entrez dans ces palais, vous y trouverez tout ce que les arts peuvent offrir de beau à l'étude et à l'admiration.

Le palais Barbérini est vaste et d'un aspect imposant; mais il n'a ni cour ni entrée. Ses richesses en antiquités précieuses sont immenses. Le palais Ghigi est orné de sculptures qui seraient d'un bel effet dans une cour moins étroite. Le palais Colonna possède une superbe galerie de plus de 210 pieds de long sur 55 de large; cette galerie est un musée où l'on admire surtout de belles colonnes de jaune antique. Le palais Giustiniani, vaste édifice bâti sur les ruines des Thermes de Néron, est riche des seules sculptures tirées de ces ruines. Le vestibule, la cour, l'escalier et plusieurs salles sont ornées de ces antiques, toutes également précieuses. Le palais Borghèse se fait remarquer à son tour par l'élégant portique de sa cour, formé par 96 colonnes de granit, sculptées diversement; cette cour est charmante. Les palais de Braschi et Rospoli, dont on vante les escaliers, les palais Doria, Altieri, Corsini, Salviati et vingt autres, plus ou moins vastes et riches en objets d'art, peuvent attester sans doute la magnificence de leurs maîtres; mais l'architecture ne saurait les avouer pour des ouvrages réguliers. Le grand palais Farnèse est le seul dont elle puisse s'honorer. Carré, à trois étages, il réunit à la plus noble simplicité la beauté des proportions et l'élégance du travail: aussi est-il l'ouvrage de Michel-Ange.

Mais, en général, la plus grande magnificence des palais, que je viens de citer, consiste surtout dans les nombreuses peintures qui les ornent; presque toutes sont des chefs-d'œuvre; elles décorent leurs voûtes et leurs plafonds, leurs chapelles et leurs coupoles.

Aucune des portes de Rome, que je ne saurais passer sous silence, ne peut être considérée comme un grand ouvrage. La Maggiore a bien quelque chose de colossal; mais d'autres, comme la Septimienne au pied du Janicule, et l'Aurélienne au sommet de cette colline, ne présentent que des massifs éternels. La Capena, l'Ostiense et quelques autres se distinguent par leurs tours à créneaux. Parmi les portes modernes, on estime celle du Peuple, belle des dessins de Michel-Ange et riche des sculptures de Bernin.

Un monument unique en son genre, auquel la sculpture d'aucun siècle n'a rien à comparer, est la colonne Trajanne; elle fut l'orgueil de Rome antique; elle est et sera toujours le plus bel ornement de Rome moderne. Représentez-vous une tour de brique, ronde et haute de 132 pieds, revêtue de 34 dalles de marbre blanc qu'attachent des fiches de bronze. Sur ces marbres est sculptée l'histoire de la guerre Dacique, et tout est admirable dans ce beau travail. Un cordon, qui fait 23 fois le tour de la colonne, en la remontant jusqu'au chapiteau, sépare les figures pour aider à en suivre le sens. Un escalier à vis, de 184 degrés, conduit au sommet de la colonne où se trouve la statue de saint Pierre, à la place de celle de Trajan; elle remplace peut-être l'urne de bronze où reposaient les cendres du héros. La conservation de ce beau monument, au milieu de tant de ruines, est un véritable miracle.

La colonne Antonine est une belle imitation de celle de Trajan. Les sculptures en sont d'un style moins riche. L'amour des Romains éleva ce monument au vertueux Marc-Aurèle. L'histoire y a gravé l'expédition de ce prince contre les Marcomans et cette pluie soudaine qui sauva l'armée impériale. La statue de saint Paul a remplacé, sur cette colonne, le bronze de Marc-Aurèle.

Toutes les autres colonnes triomphales qu'on voit à Rome ne paraissent plus dignes d'attention, lorsqu'on a d'abord admiré l'Antonine et la Trajanne. C'est ici le lieu de parler des arcs de triomphe divers qui parent encore la capitale des États Romains.

L'arc de Drusus, à la porte Saint-Sébastien, est bas et simple; il ne lui reste que deux colonnes. L'arc de Galien, qui sert à perpétuer la mémoire d'un prince méprisable et détesté, existe, dans une construction ignoble, au sommet de la Suburra. L'arc de Dolabella, au Cœlius, n'est guère qu'une porte de marché public, sur laquelle Néron appuya son aqueduc. Septime Sévère avait obtenu deux arcs; ils subsistent encore: l'un, fort modeste, à l'ancien Boarium, mérite qu'on distingue ses bas-reliefs; l'autre, qui formait l'entrée du Capitole du côté de la Voie Sacrée, fut élevé après les victoires sur les Parthes; les bas-reliefs, faiblement estimés du reste, représentent des prisonniers de cette nation, et l'empereur que les Romains saluent avec acclamation. L'ensemble de ce monument a quelque chose de majestueux. Quant à l'arc de Janus, négligé dans un triste recoin, il possède un genre de beauté antique. Ses quatre faces avec douze niches chaque, les quatre arcs dont elles embellissent le développement et d'admirables blocs de marbre grec, tout concourt à faire de ce beau massif un monument singulièrement remarquable. L'arc le mieux conservé et le moins estimé de Rome est celui de Constantin, fait de pièces de rapport. En revanche, le plus intéressant comme le plus célèbre de tous ces arcs est celui de Titus. L'architecture l'avoue pour un de ses plus beaux ouvrages. Il se trouvait sur la voie triomphale, entre la voie sacrée et l'amphithéâtre; il en occupait le point le plus élevé. Il ne reste de ce monument que quatre colonnes qui tiennent encore au cintre, dont les sculptures en demi-relief sont fort estimées; elles représentent le triomphe de l'empereur couronné par la victoire. Le char et les quatre chevaux de front qui le traînent, sont également admirés.

Je ne me pardonnerais pas de frapper d'un oubli dédaigneux les places de Rome moderne. Il est vrai que la Montanara n'est qu'un mauvais carrefour; que la place des Apôtres produit l'effet d'un bout de rue; que la place de Naples peut passer pour la vaste cour du palais Farnèse; que la place Saint-Jean est une friche entre un palais, une église, un hôpital; que la place du Panthéon ne fait que déshonorer ce bel édifice, en écrasant son portique; que la place de Monte-Cavallo est presque un précipice à la porte même du palais pontifical : mais aussi la place Navonne, bâtie en forme de cirque, devient fort pittoresque dans les fêtes qu'on y donne au peuple; la place Colonne, au centre de la ville, offre, indépendamment de la colonne Antonine, de très-belles maisons; elle est pourvue d'ailleurs de cafés, de fontaines, de restaurateurs, d'églises, de corps-de-garde, de marchandes de modes; c'est la bourse, le rendez-vous des oisifs; enfin, la place du Peuple compose, pour Rome, une entrée imposante du côté de la Toscane. C'est à peu près un carré long, ayant pour enceinte des casernes et le mont Pincius. De là partent trois rues. Celle du milieu, le Corso, est la plus belle comme la plus fréquentée de cette capitale; sa longueur est de plus d'un mille.

Rome est la résidence du pape, des administrations supérieures de l'État de l'Église, du Saint-Siége, des ambassadeurs étrangers, etc. Elle possède l'Université *Della Sapienza,* fondée en 1245 par le pape Innocent IV; un mont de piété, une banque connue sous le nom de Saint-Esprit; plusieurs colléges; diverses académies, notamment celles des Arcades, des Archéologues, des Beaux-Arts et de Sculpture. On y trouve des bibliothèques publiques, entr'autres, celles du Vatican, des Augustins, des Dominicains, etc. On cultive à Rome les arts avec succès, surtout la gravure en taille douce, la peinture, la sculpture. Tous les beaux morceaux de peinture et de sculpture, que cette capitale avait perdus par suite de nos conquêtes en Italie, lui ont été rendus en 1815. Rome renferme encore un grand nombre de beaux hôpitaux; mais ils laissent beaucoup à désirer sous le rapport de leur administration.

Depuis le mois de juillet jusqu'en octobre, l'air que l'on respire à Rome est malsain, et souvent funeste aux étrangers. Il y souffle aussi, de temps en temps, un vent du sud nommé *sirocco,* qui abat, en un instant, les personnes les plus robustes. La phthisie pulmonaire a, dans cette ville, un caractère pestilentiel; elle se communique aux gens sains par l'usage non-seulement des vêtements et des meubles, mais encore par l'habitation des appartements.

Avant la domination des Français, Rome n'était point éclairée de nuit; elle l'est donc aujourd'hui par des réverbères; il ne s'y commet pas moins de fréquents assassinats, dus tout à-la-fois à la manière dont la police est faite et au grand nombre d'asiles offerts aux criminels.

Que dire des mœurs et du caractère du peuple de Rome? Son ignorance est extrême, comme sa paresse; l'exemple et la crainte, voilà le principe de ses vertus; aussi est-il faux et vindicatif. La politesse n'est que l'enveloppe de sa poltronnerie. Dans ses accès de jalousie, ou lorsque le vin l'emporte, ses querelles se changent en combats à mort. Ses armes favorites alors sont de larges et longs couteaux avec lesquels il ne blesse point, mais il égorge. C'est toujours le plus lâche qui est aussi le plus dangereux. S'il cède en apparence, ce n'est que pour mieux assurer sa vengeance. Il attend la nuit, et, au coin de la rue, il donne sa *coltellata*, sans jamais pardonner.

Vif et spirituel d'ailleurs, le Romain serait capable de réussir en tout ce qu'il voudrait entreprendre; mais il ne s'applique à rien, et ne fait que suivre son instinct; il vit au hasard, sans réflexion, sans regret. Que le malheur l'atteigne, il se familiarise avec lui, et se rit des caprices de la fortune avec une imperturbabilité d'âme qu'on pourrait prendre pour le sublime de la raison. Il est soumis à force d'être vil. Attend-il quelque grâce? il flatte, il rampe; le renvoyez-vous? il menace; obligez-le, il vous oublie. Il est cependant encore quelques véritables Romains; habitants de la rive droite du Tibre, ils conservent quelque chose de la fierté de leurs ancêtres; ils sont aussi sensibles aux injures, mais toujours vindicatifs.

Les environs de Rome renferment une foule de sites et d'objets dignes de l'attention du voyageur; aussi ne peut-on décrire les beautés de cette cité célèbre, sans dire, en passant, un mot de quelques-unes de ses *villa*.

On donne ce nom aux résidences d'été des principales familles patriciennes de Rome; ce sont de petits palais dans lesquels sont réunis l'agréable et l'utile, grâce aux terrains qui s'y rattachent. On y trouve des vignes d'un bon rapport. Les jardins sont riches en eaux et en fruits; le goût et le luxe les ont ornés de statues, de bustes, de bas-reliefs antiques.

La villa *Mathæi,* au Cœlius, est une terrasse magnifique qui domine les plus belles ruines de Rome et ses jolis passages. La villa *Altieri* occupe les jardins des Nazons et de Constantin. C'est un petit parc entrecoupé de vignes, de labyrinthes, de bosquets, de parterres et de potagers. La villa *Negroni,* au Viminal, est l'ouvrage de Sixte V, qui en avait fait la maison de plaisance d'un prince, et qu'un prince spéculateur a réduite à l'état de jardin utile. L'Académie de France occupe la villa *Medicis*, qui, du haut du Pincius, domine Rome de la manière la plus pittoresque. Un peu plus loin étaient la maison et les jardins de Salluste, là même où se trouve la villa *Ludovisi.* L'habitation moderne semble se rapprocher, par l'élégance, de la somptueuse magnificence de l'ancienne. Agréable par son site et ses plantations, elle a de plus l'avantage d'être riche en objets d'art. Plusieurs de ses peintures sont des chefs-d'œuvre.

Du même côté, mais hors des murs de Rome, sont les villa *Albani* et *Borghèse*, l'une et l'autre également célèbres. La première, bâtie près des ruines du temple de Vénus Éricie, est tout à-la-fois la plus élégante par son architecture, et la plus riche en bonnes antiquités. C'est l'ouvrage d'un cardinal instruit qui, au temps où les Romains n'appréciaient pas encore leurs ruines, choisit et acheta tout ce qu'il fallait en bustes, statues, bas-reliefs, pour en former un grand musée, et il en orna sa campagne. La dernière révolution y a porté des mains vandales; néanmoins on y admire encore beaucoup de statues, de bas-reliefs, de bronzes. Aussi la villa *Albani* est-elle en même temps un monument d'architecture et un riche dépôt d'antiquités, choisies avec autant de goût que de savoir. Quant à la villa *Borghèse*, jadis magnifique, depuis qu'elle a perdu sa belle galerie, elle est bornée à ses agréments extérieurs, qui consistent en jardins agréables, en belles plantations. Esculape y possède un temple, au milieu d'un lac. Ce dieu, soit dit en passant, devrait bien faire un miracle pour rendre un peu plus sain ce lieu, charmant d'ailleurs, où les Romains aiment tant à se promener. Au Janicule, dans ce qui fut autrefois les jardins de Galba et d'Aurélien, nous devons remarquer la villa *Pamphili*, très-fréquentée pendant le mois d'octobre; elle a des bois charmants, et surtout des eaux qui se jouent dans un vallon entre des rochers, des lacs et des cascades. Sur la même colline, mais dans un site incomparablement plus heureux, apparaît la villa *Lante*, qui domine Rome de la manière la plus pompeuse. Cette terrasse d'un pavillon élégant a quelque chose d'aërien. De là l'œil embrasse sans obstacle les sept Collines et leur vaste horizon.

Mais tandis que le riche seigneur jouit du *dolce far niente*, et coule des heures délicieuses dans sa villa somptueuse, le peuple a pour lui ce qu'il appelle ses *villaggiatura*. Ce sont des promenades à Tivoli, à Frascati, à Albano et dans les *villa* voisines. Les deux principales époques de ces courses sont les mois des fleurs et des fruits. Lorsque le vent des Calabres et les pluies qu'il amène ont fait place au printemps, chacun, suivant l'usage, se sépare, pour quelques moments, de ses devoirs ou de ses affaires, pour aller promener sa femme ou sa maîtresse, et fêter le joli mois de mai. Les grands se divertissent, toute la saison, dans leurs *villa*. Les bourgeois ne peuvent prendre ce plaisir que les dimanches et les jeudis. Le pauvre peuple n'a que le dimanche pour être heureux de ce bonheur; mais il n'y aurait qu'un écu dans le ménage, on est convenu de le dépenser au *villaggiatura*. Et, pour peu que la vanité s'en mêle, on va jusqu'à emprunter des habits et même des bijoux pour paraître avec plus d'avantage. L'amour est surtout de ces parties; il y paie les dettes du carnaval. C'est un temps de conquête, une occasion de bonne fortune pour les jeunes gens. Octobre est plus fou encore que mai. Alors la campagne est riche en fruits; les vignes sont ouvertes aux promeneurs; les guinguettes s'approvisionnent de volaille, de poisson, de gibier. Bien supérieures aux fêtes apprêtées de nos salons, ces villaggiatura ne doivent laisser que d'agréables souvenirs. La gaieté les change en aventures galantes ou comiques, dont elle s'amuse et rit long-temps après.

Testaccio fait partie des *villaggiatura;* c'est une petite montagne que les anciens appelaient

Doliolum ; le nom que lui donnent les modernes, *gros tas de tessons*, est plus expressif. C'est effectivement un monceau énorme de tessons, couvert d'une légère couche de terre végétale. Ne sachant que faire de cette vaste solitude, on y a planté des vignes. Des galeries souterraines, disposées en rond, sont autant de petites glacières, et les habitations qui en forment l'avenue, deviennent en été des guinguettes très-fréquentées, où l'on trouve de gros réjouis sablant des vins exquis. Qu'on se figure deux cents tables en désordre dans une esplanade, et autour desquelles 3,000 personnes mangent, boivent, rient ou chantent. Au milieu de tout cela, des voitures vont et viennent, portant ou remportant du monde. Ce mouvement continuel et rapide donne un air de fête à ces bruyantes réunions. Quelquefois des ivrognes animent la scène; les propos n'en sont que plus gais. Mais les rixes viennent, les assiettes volent, les tables sont renversées, les couteaux menacent. Vous avez ri, bu du vin plus frais que la glace, mangé de bons poulets et de cette laitue tendre qu'on appelle *francaise* à Rome et *romaine* à Paris :

levez-vous, payez et allez-vous-en: Testaccio n'est plus qu'un cabaret.

Les tombeaux et les théâtres, les obélisques et les prisons, sont des objets de plus ou moins grande curiosité, qu'il me faut passer sous silence; je serai non moins discret sur le chapitre du clergé, des mendiants, des princes romains, des confréries, des femmes, des Juifs, des marionnettes, d'*il bambino* lui-même, et devingt autres singularités et contrastes dont Rome offre le bizarre ou l'affligeant exemple.

L'histoire de Rome se rattache à celle de presque toutes les nations du monde. Cette cité fut fondée l'an 752 avant l'ère chrétienne, et, en 509, la royauté y fut abolie pour n'être rétablie qu'en l'an 45 après Jésus-Christ, que Jules-César usurpa l'empire. En 330, Constantin transféra le siége du gouvernement à Constantinople. Elle fut prise par les Gaulois l'an 390; par les Goths, commandés par Alaric, l'an 410; par Genseric, roi des Vandales, en 455; par les Hérules, sous Odoacre, en 476; par Totila, roi des Goths, en 546; par le connétable de Bourbon, en 1526; par les Fran çais, en 1798 et 1809, et par les Napolitains, en 1799 et 1815. Le pouvoir impérial y fut aboli en 476, que le siége papal fut transféré à Ravenne, et elle n'est devenue celui du pouvoir temporel des papes que depuis le 8e siècle. Réunie à la France, elle en a fait partie de 1810 à 1814, comme la seconde ville de l'empire et le chef-lieu d'un département du même nom.

www.ingramcontent.com/pod-product-compliance
Lightning Source LLC
LaVergne TN
LVHW021638170726
843501LV00007B/2293

* 9 7 8 2 3 2 9 6 4 8 0 9 5 *